ARTE♦TERAPIA

LIVRO PARA COLORIR

E RELAXAR

Edição: Marina Ferreira e Ivan Pinheiro Machado
Capa: Ivan Pinheiro Machado. *Ilustração*: © Julia Snegireva / Shutterstock
Contracapa: Ivan Pinheiro Machado sobre ilustração © iStock by Getty Images
Imagens internas: Acervo L&PM Editores e © iStock by Getty Images

CIP-Brasil. Catalogação na publicação
Sindicato Nacional dos Editores de Livros, RJ.

L951

Livro para colorir e relaxar – Porto Alegre, RS: L&PM, 2015.
96 p. ; 25 cm

ISBN 978-85-254-3251-3

1. Arteterapia. 2. Livros para colorir. I. Título. II.Série

15-22066 CDD 615.85156

Rua Comendador Coruja, 314, loja 9 – Floresta – 90220-180
Porto Alegre – RS – Brasil / Fone: 51.3225.5777 – Fax: 51.3221.5380

Pedidos & Depto. Comercial: vendas@lpm.com.br
Fale conosco: info@lpm.com.br
www.lpm.com.br

Impresso no Brasil
Outono de 2015

ARTE♦TERAPIA

LIVRO PARA COLORIR

E RELAXAR

Você vai colorir e relaxar.
E vai descobrir a magia das cores e como é capaz de criar coisas bonitas.
Você só precisa de lápis para dar asas a sua imaginação.

L&PM EDITORES

IMPRESSÃO:

Gráfica Editora Pallotti
Imagem de Qualidade

Santa Maria - RS - Fone/Fax: (55) 3220.4500
www.pallotti.com.br